349

NOTICE

SUR LES EAUX MINÉRALES

DE

BOURBON-LANCY

(SAÔNE-ET-LOIRE),

Par le Dʳ RÉROLLE,

Médecin-Inspecteur-adjoint, membre de la Société nationale de Médecine de Lyon.

LYON.
IMPRIMERIE TYPOGRAPHIQUE ET LITHOGRAPHIQUE
DE LOUIS PERRIN,
Rue d'Amboise, 6, quartier des Célestins.

1849.

AVANT-PROPOS.

Nommé depuis peu d'années médecin-inspecteur-adjoint aux eaux de Bourbon-Lancy, j'ai cru qu'il était de mon devoir d'appeler l'attention de mes confrères sur ces sources précieuses.

Si l'on consulte les anciens auteurs qui ont écrit sur les eaux minérales, on verra qu'il n'en existe aucune en France qui ait joui dans les temps reculés d'une réputation aussi grande que celles de Bourbon-Lancy. Le style de ses monuments, où l'art et la richesse luttaient avec la beauté et la variété des matériaux, la prodigieuse quantité de médailles et de statues antiques découvertes dans ses ruines, sont des témoignages irrécusables de leur antiquité et de leur splendeur.

Le docteur Banc, un des premiers auteurs qui aient traité des Eaux minérales, s'exprime ainsi sur nos thermes, dans le style rude et naïf de l'époque :

« Le champ de ce traicté est si spacieux aux merveilles encore restantes de l'antiquité dans les ruines de bains et de tout leur voysinage, que si je voulois me laisser emporter au prurit que j'ay de m'égayer parmi les recherches de tant de merveilles, je serois déjà bien avant hors des bornes de mon sujet; seulement, je dirai en passant un peu plus pleinement que je n'ai accoutumé, en faveur du lecteur qui n'aura pas désagréable cette plus ouverte recherche de l'antiquité gauloise, que l'art a étudié, par toute sorte de libéral adjencement de dépense et de main, non-seulement d'égaler la nature, mais encore de la surmonter en plusieurs parties qui seroient trop advèrement reconnues en ses eaux, si la course des ans n'eût plus favorisé la nature que l'art. C'est la vérité que qui pourroit voir quelque pièce entière du soin de ceux qui ont voulu par leur emploi et industrie mignarder d'adjencement les anciennes nymphes bourbonnoises, admireroit beaucoup plus en cette œuvre l'art de telles merveilles qu'en iceluy la nature même. »

Lorsque, sortant de la barbarie, les peuples comprirent de nouveau l'importance thérapeutique des eaux minérales, les premiers thermes qui s'ouvrirent furent ceux de Bourbon-Lancy. D'après le témoignage d'Auberi, au xiie siècle, ils étaient fréquentés par les personnages les plus considérables de la France.

En 1542, Catherine de Médicis vint avec succès y chercher un remède contre la stérilité. En 1580, Henri III et Louise de Lorraine s'y rendirent également avec leur cour.

Depuis cette époque, on vit affluer à Bourbon, pour y faire usage des eaux, tout ce que la province de Bourgogne et la France avaient de plus distingué. (Alibert.)

Cet établissement, appartenant aux états de Bourgogne, devint propriété nationale à la Révolution, puis, en 1805, fut donné à l'Hôpital par l'empereur Napoléon.

Les derniers débordements du ruisseau de Borne avaient causé de grands ravages à l'établissement; le nouveau propriétaire, ne pouvant reconstruire avec tout le luxe qu'aurait comporté la célébrité de ces thermes, fit commencer un bâtiment simple mais vaste et commode, achevé seulement il y a quelques années.

Là, probablement, se serait bornée la restauration des bains; mais la fortune leur préparait un plus bel avenir. Le marquis d'Aligre, témoin si souvent du succès de ces eaux, a voulu les rétablir dans leur ancienne magnificence. Les thermes d'Aligre remplaceront avec éclat les thermes des Césars. *

---

* Le marquis d'Aligre, par testament, a laissé trois millions deux cent mille francs à l'hospice de Bourbon, propriétaire des eaux. Déjà quelque temps avant sa mort il avait donné à cet hospice les immeubles qu'il possédait à St-Léger, et qu'il avait achetés dans l'intention d'y faire construire des hôtels pour les baigneurs.

NOTICE

SUR LES EAUX MINÉRALES

DE

BOURBON-LANCY

(Saône-et-Loire).

Description et histoire de Bourbon.

Bourbon-Lancy est une jolie petite ville du département de Saône-et-Loire, d'une population de trois à quatre mille habitants : l'air qu'on y respire est pur et salubre; les maladies épidémiques y sont inconnues; la phthisie extrêmement rare, les vieillards très nombreux; sept à huit cents baigneurs trouveraient facilement à s'y loger. Située à une lieue de la Loire, sept de Moulins, douze d'Autun, trente de Lyon, et soixante-quinze de Paris, elle est traversée par les routes qui établissent des communications entre ces différentes villes; aussi offre-t-elle de toutes parts un accès des plus faciles. Des services réguliers de voitures partant tous les jours d'Autun, de Moulins, de Roanne, de Charolles et de Nevers, se croisent à Bourbon-Lancy et y déposent directement les baigneurs.

La ville est assise aujourd'hui à la place du château-fort qui protégait l'ancien Bourbon. Bâtie en amphithéâtre sur une colline élevée, dernier anneau de la chaîne granitique des montagnes du Morvan, elle domine au loin la vallée de la Loire.

Il serait difficile de trouver un plus magnifique spectacle que celui qu'on découvre au midi et au couchant. Une plaine, parée des couleurs de la végétation la plus riche et la plus variée, s'abaisse graduellement jusqu'aux rives de la Loire, dont les flots argentés tantôt se cachent, tantôt étincellent au milieu des aulnes et des peupliers qui dessinent et limitent ses innombrables contours; au dernier plan, les plaines immenses du Bourbonnais, sans autres limites que celles de l'horizon et quelques crêtes élevées des montagnes d'Auvergne, qui paraissent perdues au milieu des nuages.

Au nord et au levant tout est changé; ce sont d'autres sites, c'est une autre nature. Un aspect agreste et sauvage a remplacé le paysage si calme et si régulier des rives de la Loire : de petites collines escarpées, des gorges étroites et profondes, groupées et réunies sans ordre, sans aucune symétrie apparente; le chêne et le châtaignier en couvrent les flancs, tandis qu'une pelouse verdoyante tapisse le fond des vallons.

Quelques fermes isolées, quelques petits ruisseaux coulant doucement dans le lit qu'ils se sont creusé, animent le silence et adoucissent la rudesse de ce paysage.

On comprend quelle variété de sites et de promenades promet un pays aussi accidenté, où la nature a réuni les contrastes les plus pittoresques. Toutes les personnes qui viennent prendre les eaux à Bourbon veulent visiter les ruines du vieux château féodal qu'habita Madame de Genlis, et la célèbre abbaye de Sept-Fonts, rendue aujourd'hui à sa destination première. Les baigneurs souffrants trouveront à la porte des thermes un vaste jardin anglais, où des promenades charmantes et des points de vue délicieux ne leur laisseront rien à désirer.

Bourbon était autrefois beaucoup plus considérable. Selon les itinéraires, il est indiqué par *Aqua Nisinei*, *Aqua Bormonis* ou *Borvonis*. Dans le moyen-âge, il fut désigné sous le nom de *Burbo*

Anselli, *Bulbonense oppidum*, nom que Valois croit avec raison dériver du mot latin *burbo*, bourbes, eaux bourbeuses, eaux thermales, et non de *burbo bono*, BOURG BON.

Le surnom de *Lancy* viendrait d'un ancien seigneur nommé Ancellus. Suivant Courtépée, Bourbon était habité du temps des premiers empereurs romains.

Ils auraient construit les bains de cette ville sous la conduite du capitaine Nisineius, qui leur aurait donné son nom. Courtépée rapporte également une inscription qui témoigne de l'ancienneté de Bourbon : J'ai lu, dit-il, sur un marbre blanc qui sert de seuil à une porte de St-Nazaire, une inscription dont aucun géographe n'a parlé :

BORVONIÆ ET DAMONÆ
T. SEVERIVS MODESTVS
OMNIBVS HONORIBVS ET OFFICIIS.

Le reste étant cassé, on peut y suppléer par ces mots :

APVD ÆDVOS FVNCTVS,

comme porte une inscription conservée chez les Cordeliers à Ste-Reine. Le mot *Damonæ* indique-t-il le dieu des Eduens qui présidait aux eaux, ou viendrait-il du mot *Mona* ou *Mena*, qui, d'après saint

Augustin, était la déesse qu'ils invoquaient pour leurs femmes et leurs filles ?

D'après le même historien Courtépée, l'ancien Bourbon avait treize cents pas géométriques de l'est à l'ouest, et sept cents du nord au sud. La ville s'étendait surtout beaucoup plus du côté de la Loire ; voici la description que donne le docteur Banc :
« Au-dessous du chasteau est le bourg St-Léger, où
« sont posés nos bains ; à costé, tirant vers le sep-
« tentrion, est le bourg St-Lazare ; et plus bas,
« du costé de la Loyre, le bourg St-Martin que je
« crois avoir été la patrie anciennement habitée
« des plus grands personnages de cette colonie. Là
« se trouvent encore de vieilles murailles, des basti-
« ments superbes, des briques fort grandes sur les-
« quelles on découvre parfois quelques figures à
« demi-effacées, force marbres antiques divers en
« grandeur et eslaboration, entre autres un dessus
« de colonne fait à la corinthienne, avec force
« feuillages, quantité d'autres fragments aussi en
« tables, achitraves, frises, cornices et enta-
« blements.

« A la descente desdits bourgs St-Lazare et
« St-Martin se remarque encore un grand chemin
« et quelques pierres adjencées à plat des vieilles
« tailles, représentant comme les ruines de quel-
« que portail ancien ; à chaque costé dudit che-
« min il y a une muraille ruinée, qui paroist encore
« plus d'un grand pied hors de terre. Le peuple

« croit que c'étoit l'ancien chemin de ce quartier-
« là, pour conduire au bain. Mais du costé du midi,
« un peu à quartier de l'édifice du bain et des
« sources, se voit un cousteau si opulent et en
« decouverture ordinaire des marques de l'anti-
« quité, qu'à mesure que les ravages des pluies le
« minent, ou qu'on veut fouiller plus avant dans
« son sein, on ne trouve que marbres, figures, pa-
« rements à la mosaïque, médailles de divers anti-
« ques, que ciment d'inconnue fabrique, et d'au-
« tres merveilles de matières apportées de loin et
« figurées à l'antique. » C'est plutôt dans l'examen
de l'étendue et de la richesse de ses ruines, que dans
l'histoire écrite, que l'on retrouvera la description
du vieux Bourbon. La vigne croît aujourd'hui sur
le sol de ses anciens palais, et le soc de la charrue
se brise sur les ruines de ses vieux temples.

On ne sait en quel temps cette ville a été détruite;
on conjecture qu'elle a essuyé les mêmes malheurs
qu'Autun, du temps des Bagaudes, des Sarrasins
ou des Normands.

Description des Eaux.

Les eaux thermales surgissent dans le faubourg
de St-Léger, au pied d'une colline sur laquelle
est construite la ville de Bourbon. Lorsqu'on exa-
mine la constitution géologique de cette colline,

on voit qu'elle a pour base une roche quartzeuse jaunâtre sans stratification apparente, mais remplie de fissures et de joints irréguliers. Cette roche change graduellement de nature et de structure à mesure qu'elle s'éloigne de Bourbon; au sud-est elle finit par se transformer en roche schisteuse noirâtre, recoupée de nombreux filons de quartz blancs. En prenant pour base de la classification des eaux minérales la nature des terrains qui les fournissent (classification de Brongniart), les eaux de Bourbon doivent être rangées parmi les eaux minérales des terrains primitifs.

Entre St-Léger et Bourbon, cette roche a été profondément creusée par un petit ruisseau dont le voisinage a été des plus funestes à la prospérité de ces thermes, comme je l'ai déjà annoncé. Je crois pouvoir établir qu'une des plus fortes inondations est survenue de 1543 à 1580, c'est-à-dire entre le départ de Catherine de Médicis et l'arrivée de Henri III à Bourbon.

Comment expliquer, si l'on rejette ce fait, que des bains restaurés par Catherine de Médicis soient devenus hors de service trente-sept ans après? Voici la description de l'état des thermes telle que la donne le docteur Banc, sans indiquer la cause de sa ruine:
« Les plus beaux bains qui nous restent entiers de
« la curiosité de l'antiquité romaine doivent à la
« mémoire du feu roi Henry troisième, par l'employ
« de M. Myron son premier médecin, la célébrité

« en laquelle ils sont entrés depuis. Car, combien
« qu'une des plus entières et belles pièces de cette
« espèce antique aujourd'huy soit celle-là, comme
« je le ferai voir en son lieu..., elle a été si oisive
« d'employ, que le lieu du bain de maintenant
« est demeuré fort longtemps le séjour de beaux
« et grands poissons, et la retraite de nombreuse
« quantité de serpents et autres insectes dans les
« creux de la superbe architecture, dont pour
« lorsqu'on les nettoyoit en fut retirée si grande
« quantité de fange et de saletés qu'il est fort aisé
« à juger le long temps que ces bains n'avoient
« été fréquentés; et cependant trente-sept ans
« auparavant, comme je l'ai dit, ils avoient été
« restaurés par Catherine de Médicis. »

En 1738, à six heures du soir, grossi par des pluies abondantes, le ruisseau de Borne emporte les bâtiments des bains, comble les puits et les canaux de vidange.

Le 15 thermidor an II, nouvelle inondation qui comble encore une partie des puits. — L'inondation de 1846 aurait causé des dommages considérables, sans le dévouement et le courage de quelques personnes qui ouvrirent un passage au torrent en abattant un pan de mur.

Les attérissements continuels qui exhaussent d'une manière incessante le sol environnant, pendant que les fontaines conservent leur ancien niveau, méritent toute la sollicitude des hommes chargés de la conservation de ces sources précieuses. Le resserrement successif du ruisseau de Borne, la mise en culture des terrains escarpés de cette gorge, l'exhaussement du fond de la vallée, doivent rendre ces inondations de plus en plus dangereuses.

J'ai cru qu'il était de mon devoir d'insister sur ces faits dans un moment où l'on médite de grands travaux, et probablement la réédification complète des thermes.

A la base de cette roche quartzeuse dont je viens de parler, les sources minérales au nombre de huit jaillissent dans une vaste cour quadrilatérale bornée à l'est par la place de St-Léger, au nord par le rocher de St-Urbain taillé à pic, et dans les autres directions par le bâtiment des thermes.

Cet édifice se compose d'un grand corps de bâtiment réuni par deux pavillons, avec une galerie à chaque étage; l'architecture en est simple, mais gracieuse.

Au niveau de cette cour, règne sous le bâtiment une large galerie où s'ouvrent les cabinets de bains au nombre de vingt-quatre.

Ces cabinets sont propres, spacieux, bien aérés, suffisamment éclairés, pourvus chacun d'une vaste baignoire creusée dans le roc, et d'un appareil de douches dont un ajustage modifie à volonté et le volume de l'eau, et sa force, et sa température. La présence d'une douche dans chaque cabinet évite un déplacement fort ennuyeux pour le malade qui doit être douché après le bain. Il existe également un bain d'étuve et un cabinet de douche ascendante; on y trouve aussi une piscine, remarquable par son étendue et l'élégance de sa construction.

Des logements nombreux et en rapport avec toutes les positions de fortune entourent l'établissement. Depuis quelques années, pour répondre à la progression croissante des malades, de nouveaux hôtels ont été bâtis, d'autres restaurés : l'homme riche pourra réunir à tout le confortable du logement une table aussi variée que choisie. Dans un pays abondant en volailles, gibier et excellent poisson de la Loire, la vie animale est nécessairement à bon marché. L'indigent n'a point été oublié : il existe, de temps immémorial, un hôpital qui a son établissement thermal distinct.

La première source que l'on trouve à l'est est le Lymbe ou grand Puits, formé par de gros blocs de marbre blanc juxta-posés; sa forme est celle d'un cône renversé. Au niveau du sol son diamètre est de quatre mètres treize centimètres, tandis qu'à six mètres il n'a plus que quarante-cinq centimètres; probablement il conserve cette dimension jusqu'à son origine : cette disposition est déterminée par des gradins circulaires qui vont successivement en se rétrécissant. On ne connaît pas au juste sa profondeur, qu'on a évaluée à treize mètres trente-trois centimètres.

La quantité d'eau fournie est prodigieuse. En 1752, le sieur Bellevaut y entretint trois pompes jour et nuit pendant plus de soixante heures, et ne put le tarir qu'à la hauteur de quatre mètres soixante-six centimètres.

Plus tard, une nouvelle tentative d'épuisement eut lieu sous la direction d'un conducteur des ponts et chaussées; malgré le grand nombre de personnes employées, on ne put dépasser le premier niveau.

Après le Lymbe, la fontaine la plus remarquable par sa construction, le volume de l'eau qu'elle fournit et les traditions historiques, est celle de la Reine; puis, viennent celle de St-Léger et la fontaine Descures. Cette dernière source, comblée par l'inondation de 1542 à 1580, fut retrouvée et reconstruite par Descures, intendant des levées de la Loire.

Toutes les fontaines sont rangées parallèlement au rocher de Saint-Urbain; les arbres et les arbustes qui en couronnent le sommet projettent sur les buveurs un dôme de verdure qui flatte délicieusement leurs regards, et les abrite contre les ardeurs du soleil.

Voici le tableau synoptique des sources de Bourbon, leur température et leur volume (1) :

---

(1) M. Bonifat et moi avons plusieurs fois fait le jaugeage, qu'on peut considérer comme exact.

Numéro de chaque source, ou nom particulier sous lequel elles sont désignées.	Diamètre intérieur de chaque polygone.		Surface du polygone.		Quantité d'eau que donne chaque source par 24 heures.			Chaleur de l'eau dans chaque source.
	m.	c.	mètres	carrés.	hectol.	litres.	centil.	cent.
N° 1, grand Puits.	4	13	13	4000	2701	44	»	57
N° 2.	1	12	1	0366				47
N° 3.	1	12	1	0366	59	76	»	47
N° 4.	1	62	2	1636	249	76	40	51
N° 5, St-Léger.	1	12	1	0366	59	76	»	50
N° 6, de la Reine.	2	50	5	1250	369	07	20	52
N° 7, Descures	1	12	1	0366	298	51	20	53
N° 8, Eau froide.					3738	30	80	

Ces eaux fournissent donc trois cent soixante-treize mètres cubes d'eau dans les vingt-quatre heures; M. Puvis n'en évaluait le volume qu'à trois cents mètres cubes.

Pour établir ces thermes, les Romains ont dû tailler le rocher et déblayer le sol jusqu'au terrain ferme et uni propre à recevoir les constructions qu'ils devaient y élever.

Les sources sont si rapprochées, qu'elles ont été considérées par quelques auteurs comme provenant d'une origine unique; mais comment expliquer alors leur différence de goût, de température et de propriétés thérapeutiques? Pourquoi, dans cette opinion de commune origine, le Lymbe aurait-il treize mètres trente-trois centimètres de profondeur, tandis que les autres fontaines n'ont qu'un mètre trente centimètres ?

Un ancien manuscrit (1) confirmerait cette opinion d'une source unique, seulement son point d'émergence serait un peu plus élevé. En voici un extrait : « A l'un des bouts du rocher, du côté du
« levant, une toise plus bas que l'aire ou pavé qui
« est à présent, est la grande source d'eau chaude des
« bains, sortant dudit rocher, sous une cave d'une
« maison appelée Millet. Cette eau, de la grosseur
« de la cuisse d'un homme, tombe dans un bassin
« de pierres de taille bien cimenté, revêtu de marbre
« par le dedans et couvert d'autres pierres de taille.
« La figure de ce bassin est ronde, sa hauteur est de
« deux pieds, sa longueur de trois pieds et demi.
« A un endroit dudit bassin, du côté qui regarde le
« midi, il y a un canal de terre cuite tout rond,
« d'un pied de rondeur sur tous endroits, lequel
« par dedans est rempli d'un canal de plomb. Ce
« canal règne tout le long du rocher, auquel il est
« distant d'une toise Il est enveloppé et entouré
« d'une grosse muraille de six pieds d'épaisseur et
« de hauteur. Entre le canal et le rocher il existe
« un autre canal en pierres de taille, destiné à re-
« cevoir les eaux pluviales. Dans le premier canal,
« il y auroit sept autres conduits en plomb sortant

(1) Je dois la communication de cet ancien manuscrit à l'obligeance de mon confrère le docteur Robert.

« du rocher, qui distribuent l'eau aux sept fon-
« taines. »

La précision de ces détails donne un caractère de vérité à cette description; mais, pour expliquer les différences de température et surtout de propriétés, il faut admettre, pour chaque fontaine, un filet spécial qui, émergeant dans le lieu même de chaque source, viendrait se confondre avec l'eau de la source commune. Comment, sans cette hypothèse, la fontaine Descures, la plus éloignée de la source commune, marquerait-elle cinquante-trois degrés, tandis que des sources très rapprochées n'en indiquent que quarante-sept ? Et cependant la source Descures ne donne, dans les vingt-quatre heures, que vingt-neuf mètres cubes, tandis que celle de la Reine en fournit trente-six dans le même intervalle. J'insiste sur ce fait, parce que mon intention était de m'occuper immédiatement de l'analyse de chacune des fontaines. J'ai reculé devant un travail long et difficile, en présence surtout des fouilles qui doivent être prochainement exécutées. L'isolement complet doit précéder toute analyse, et entre plusieurs de nos fontaines il existe une communication certaine. Ces fouilles découvriront quelques filets actuellement perdus, si l'on en croit d'anciennes indications. J'ai vu sous le grand bassin réfrigérant un conduit en plomb, aboutissant dans le canal de vidange : il donne un volume assez considérable d'eau salée, dont la température peut être évaluée à vingt degrés.

Comme toutes les eaux minérales, celles de Bourbon sont alimentées par les eaux pluviales qui, filtrant dans les entrailles de la terre, se chargent dans leur passage de principes minéralisateurs. Leur chaleur peut se rapporter à deux causes bien différentes, savoir : les phénomènes volcaniques, et la chaleur centrale du globe. L'éloignement des volcans, la constance et la haute température de nos eaux salines, rendent l'existence de cette dernière cause plus probable.

La température de l'eau minérale est beaucoup trop élevée pour servir directement à la préparation des bains. Il existe au centre de la cour deux grands bassins destinés à leur réfrigération. Le bassin situé à l'est est d'origine romaine; on le désigne sous le nom de bain des Césars. Construit en bloc de marbre blanc, il a quatorze mètres de diamètre : c'est là que les Romains prenaient leurs bains en commun. On aime à se représenter ces monuments lorsqu'ils étaient dans toute leur beauté. Alors ce bassin était divisé en douze grandes niches, *sygmata*, espacées par égale distance et séparées par des balustrades dorées. Chaque console de séparation supportait une statue en marbre blanc; deux rangs de gradins servaient de siége aux baigneurs fatigués. Les niches voisines des fontaines avaient à leur partie supérieure des conduits saillants, destinés à l'administration des douches.

Le rebord supérieur de ce bassin présente encore une corniche en marbre blanc, qui servait autrefois de support à une ancienne et riche voûte terminée par un dôme enrichi de losanges. La voûte était percée d'ouvertures appelées *lata specularia*: elles se fermaient dans l'hiver et dans les jours pluvieux; en été, elles laissaient exhaler les vapeurs et pénétrer les rayons du soleil.

Un grand nombre de siècles plus tard, le bâtiment des bains ayant été emporté, comme je l'ai dit plus haut, ce bassin servit de nouveau de bain commun; mais combien la scène était changée! Sur une estrade en bois, au centre du bassin, était assujetti un tonneau rempli d'eau minérale et communiquant avec un tube; là, tous les baigneurs, mêlés et confondus, venaient présenter successivement à cette douche leurs membres souffrants.

A la place du second bassin réfrigérant, il existait un autre grand bain. Voici la description que l'on trouve dans l'ancien manuscrit dont j'ai parlé : « A « gauche, joignant le Bain royal, du côté du « couchant, s'est depuis découvert un autre grand « bain appelé par Philander, sur Vitruve, *publi-« cum subdiale lavacrum quod ample patet ac plus « quingentorum hominum est capax*. Cette éten- « due est bien apparente ; nous le nommons « *bain public*. Son plan est aucunement quarré, « on le dit de douze toises de largeur sur neuf « de longueur. Sa capacité est de comprendre « en soi, ou en les siéges qui l'environnent et

« traversent, cinq cents hommes. » Ce bain, aussi remarquable que le bain des Césars, était construit en bloc de marbre divisé en siéges séparés et ornés de statues de marbre, et recouvert d'un dôme. L'eau du Lymbe tombait au milieu d'un petit hémisphère ou piédestal, sur lequel était placée une statue de marbre blanc représentant deux *folastres* baigneurs. On ne trouve aujourd'hui aucun vestige de ce bain si remarquable; toutes les statues ont été transportées à Paris pendant le règne de Henri IV. Au-dessous de ce bain, et au couchant, on a trouvé les vestiges d'un autre bassin que l'on présume, dit le même manuscrit, *fort grand et capable*.

Sous la place de St-Léger, on a mis à découvert une portion d'un bain d'étuve fort bien conservé et pavé en mosaïques.

Propriétés des Eaux.

Propriétés physiques.

Les eaux de Bourbon sont salines, toutes thermales, excepté une seule. Elles dégagent une grande quantité de bulles d'air ; le phénomène est beaucoup plus marqué dans le Lymbe, où il communique au liquide un mouvement de soulèvement si prononcé, que cette fo naine a l'apparence d'une immense chaudière en ébullition. Le dégagement du gaz est irrégulier, il est plus marqué à l'approche des orages.

L'eau minérale est claire, transparente, onctueuse au toucher, sans odeur; le Lymbe seul répand, comme les eaux de Carlsbad, une odeur caractérisée de *pot-au-feu*. Quand on les boit à leur température d'émergence, elles ont un goût d'eau chaude à peine salée; mais, froides, le goût salin devient prononcé. La fontaine Descures a seule une saveur légèrement nauséabonde; après leur ingestion, on éprouve à la gorge un léger sentiment de constriction et de chaleur.

A l'abri du contact de l'air, ces eaux se conservent longtemps : on assure que le marquis de St-Aubin, père de Madame de Genlis, fit apporter à St-Domingue un baril plein d'eau thermale de Bourbon-Lancy, laquelle arriva sans être altérée.

Au contact de l'atmosphère, après quelque temps de repos, elles laissent déposer une matière mucoso-animale glaireuse, légèrement verdâtre; elles deviennent alors beaucoup plus onctueuses et plus douces, et dégagent au bout d'un peu de temps une légère odeur d'œufs couvés. Il se fait alors un travail de décomposition; les sulfates se changent en hydro-sulfates. Au fond des bassins elles déposent une boue verdâtre, sur les propriétés de laquelle nous reviendrons plus tard.

L'intérieur des fontaines est tapissé par une multitude de conferves, de forme, de grandeur et de structure différentes. L'élégance de leurs formes, la pureté de leur belle couleur verte au milieu de ce liquide qui paraît en ébullition, frappent et impressionnent toujours vivement les visiteurs.

Propriétés chimiques.

Les eaux de Bourbon ont été analysées d'abord par Jacquemont, ensuite par Berthier.

Analyse pour un litre d'eau. (1)

BERTHIER.		JACQUEMONT.	
	Litres.		Litres.
Acide carbonique libre .	0 135	Acide carbonique libre.	0 054
	Grammes.	Oxigène	» »
Chlorure de sodium . .	1. 170	Azote	» 4013
— de potassium.	0 150		Grammes.
Sulfate de soude	» 130	Chlorure de sodium . .	1. 4691
— de chaux	» 075	Sulfate de soude . . .	0 0480
Carbonate de chaux . . .	» 210	— de chaux . . .	» 0228
— de magnésie		Carbonate de chaux . . .	» 0590
et oxide de fer. . . .	traces.	Oxide de fer	» 0108
Silice	» 020	Silice	» 0420
	1. 755	Acide carbonique uni à	
		l'oxide de fer, et perte.	» 0693
			1. 7210

(1) Cette analyse, faite par deux chimistes distingués, présente une légère différence qui peut tenir à la diversité

Ces eaux ne renferment pas une proportion assez forte de sels pour produire une action purgative ; elles doivent être classées parmi les eaux salines altérantes, comme nous le démontrerons plus tard.

Leur identité de composition avec les eaux de Plombières et de Néris, et leur analogie de propriétés thérapeutiques, me décident à mettre ici en regard l'analyse de ces deux eaux minérales : c'est la meilleure manière de répondre à ce traité de matière médicale qui voudrait classer les eaux de Bourbon-Lancy parmi les eaux thermales simples.

Eaux de Néris, par BERTHIER.		*Eaux de Plombières*, par VAUQUELIN.	
Eau, 1 litre, sels cristallisés.		*Source Crucifix.*	
	Grammes.		Grammes.
Carbonate de soude	0 42	Carbonate de soude	0 1269
Sulfate de soude	» 84	Carbonate de chaux	» 0287
Chlorure de sodium	» 21	Sulfate de soude	» 1358
Carbonate de chaux	» 17	Chlorure de sodium	» 0734
	1. 64	Silice	» 0735
		Matière animale	» 0624
			0 5007

Mais revenons à l'analyse des eaux de Bourbon. Les gaz libres, ceux qui se dégagent immédiate-

des sources analysées. Berthier a analysé l'eau de la Reine ; c'est ce qui résulte du rapport de M. Puvis, inséré dans les Annales de la Société d'agriculture de Mâcon. L'analyse de Jacquemont avait paru un an plus tôt dans les mêmes Annales.

ment dans l'atmosphère, n'ont point été examinés dans les analyses que j'ai rapportées. Les proportions indiquées par Berthier doivent s'entendre des gaz restés dissous dans l'eau minérale; la température élevée des sources n'en permet pas une dissolution plus considérable.

J'ai recueilli ces bulles d'air; elles présentent les caractères essentiels de l'azote : ce gaz est incolore; il éteint la bougie en combustion, ne rougit pas la teinture de tournesol, et ne trouble pas l'eau de chaux.

Tous ces caractères sont suffisants pour en conclure que les grosses bulles qui se dégagent sont formées en presque totalité par de l'azote.

Mode d'administration et Propriétés thérapeutiques.

Usage interne.

Nos eaux salines s'administrent à l'intérieur en boissons, en gargarismes, et en douches ascendantes; à l'extérieur, sous forme de bains, de douches, et de bains d'étuve. Etudions successivement ces deux modes d'administration, et leur action sur l'économie.

A peu d'exceptions près, tous les malades boivent de l'eau minérale, à la dose de deux à quatre verrées prises le matin à jeun à la source même. La fontaine de la Reine sert le plus habituellement à cet usage : elle favorise l'appétit, stimule la sécrétion des sucs gastriques, et rend la digestion plus prompte et plus facile.

Il est peu d'estomacs qui ne puissent supporter l'eau minérale. Dans quelques gastralgies graves, on est quelquefois obligé de la couper avec du lait ou des infusions de feuilles d'oranger ; mais j'ai toujours vu l'estomac s'habituer rapidement à cette boisson. Dans quelques engorgements du foie ou de la rate, on remplace notre eau minérale par l'eau de Vichy ; le rapprochement facilite cet échange. Cet usage est déjà ancien : Madame de Sévigné raconte comment on les réchauffait dans le Lymbe, afin de leur rendre leur activité.

Mais lorsqu'il faut produire dans l'économie une action plus énergique, dans certains rhumatismes graves, dans des tumeurs blanches anciennes, je porte graduellement la dose jusqu'à vingt verrées dans les vingt-quatre heures, pour diminuer ensuite dans la même progression (1). Sous l'influence de

---

(1) J'ai vu, dans l'ouvrage déjà cité du docteur Banc, que ce système d'administration était déjà en usage à Bourbon en 1600. La fontaine de la Reine était aussi la plus employée à cette époque.

l'eau minérale prise en si grande quantité, la digestion n'est point ralentie; toutes les sécrétions, surtout celles de l'appareil tégumentaire, sont considérablement augmentées.

Nos eaux ne sont point purgatives, elles constipent plutôt. Il existe une exception pour la fontaine Descures, qui produit une action purgative, mais lente et incertaine. Lorsque je veux remplir cette indication, j'ajoute quelques grammes de sulfate, ou mieux de citrate de magnésie, le matin à jeun, dans une verrée d'eau minérale.

L'eau minéro-thermale de Bourbon, ainsi qu'il est facile de le pressentir par sa composition chimique, doit être classée parmi les eaux salines altérantes qui modifient la constitution des solides et des liquides sans crises apparentes et sans qu'aucune théorie médicale puisse expliquer leur action. Lorsque j'aurai décrit leur emploi à l'extérieur, je reviendrai sur ce point important de thérapeutique thermale.

En gargarismes, elle réussit dans les inflammations chroniques de l'arrière-gorge, dans les engorgements atoniques des amygdales. En douches ascendantes, elle tonifie la muqueuse intestinale, et rend aux fibres du rectum leur ancienne contractilité. Dans les hémorrhoïdes internes ulcérées, dans les fissures à l'anus, elles agissent doublement, soit par l'action spéciale de la douche, soit par leurs propriétés thérapeutiques, si favorables à la cicatrisation des plaies anciennes.

Il est un autre mode d'application interne sur lequel je veux appeler quelques instants l'attention, à cause de la nature des maladies dans lesquelles on pourrait l'employer. Il se dégage du Lymbe, comme je l'ai dit, un principe bitumineux mêlé à de l'azote et à de l'eau minérale en vapeur. La médecine a déjà essayé ces substances avec quelques succès : ainsi, le mélange d'une proportion plus grande d'azote dans l'air atmosphérique, les vapeurs du bitume minéral en ébullition, l'air des bords de la mer chargé d'une certaine quantité d'hydro-chlorate de soude, tous ces moyens ont été conseillés et essayés séparément dans les phthisies pulmonaires. La réunion de ces divers agents, leur température élevée et leur force d'ascension leur donneraient une nouvelle puissance. On pourrait à volonté augmenter ou diminuer la quantité inspirée, ou par la diminution de volume du conduit, ou par des intermittences plus ou moins longues : pendant qu'on calmerait ainsi les organes thoraciques par l'usage interne de l'eau minérale, on exciterait et réveillerait les forces de digestion et d'assimilation. L'eau minérale saline remplacerait avantageusement aussi les solutions d'hydro-chlorate de soude, auxquelles on accorde aujourd'hui une si grande confiance dans les affections pulmonaires.

J'ai essayé ce moyen : l'inspiration de cette vapeur déterminait un soulagement marqué dans le catarrhe aigu. Mais, si la médication était favorable, le mode était défectueux : la vapeur n'arrivait pas assez régulièrement à l'organe thoracique, elle se répandait sur tout le corps, et déterminait une moiteur qui exposait le malade à des refroidissements continuels (1).

Les bains sont administrés, suivant les indications, à des températures différentes. Pour bien en étudier l'action, il faut entrer dans quelques détails et faire une excursion légère dans le domaine de la thérapeutique générale.

(1) Je vais, cette année, renouveler ce traitement, en évitant les inconvénients signalés. Rien ne serait plus facile que de régulariser ce mode d'inspiration, et de lui donner toute sa valeur thérapeutique : il suffirait de couvrir le Lymbe d'un dôme qui recevrait cette vapeur ; des tubes placés de distance en distance, et communiquant avec ce réservoir, permettraient l'inspiration de ces vapeurs mélangées en proportions diverses avec l'air atmosphérique. Ce dôme présenterait d'autres avantages : par la compression déterminée à la surface du liquide, il forcerait une partie des gaz à se mêler avec l'eau minérale, et à se rendre ainsi dans les bassins réfrigérants. L'eau dissoudrait alors une masse de gaz plus considérable, par suite de l'abaissement de température : on sait que l'eau peut en contenir d'autant plus que la température du liquide est moins élevée. La présence de ces gaz et la condensation des vapeurs qui se dégagent à l'air libre, donneraient une nouvelle énergie à nos bains. On pourrait également utiliser la haute température de cette vapeur, pour établir à proximité du grand Lymbe des cabinets d'étuve plus actifs que ceux qui existent aujourd'hui.

D'après leur degré de température, nous diviserons les bains en très froids, de 0 à 10° Réaumur; bains froids, de 10 à 15°; bains frais, de 15 à 20°; bains tempérés, de 20 à 25°; bains chauds, de 25 à 30°; enfin en bains très chauds, de 30 à 36°, dernier terme où les observateurs se soient arrêtés.

La haute thermalité de nos eaux minérales permettrait de donner les bains à la température la plus élevée. C'est ici le lieu de rapporter le fait consigné dans le Précis du docteur Alibert sur les eaux minérales :

« Il y a environ soixante ans qu'un malade imprudent se laissa choir dans le bassin de la fontaine de Bourbon-Lancy la plus élevée en température (le grand Lymbe, qui marque 58 degrés centigrades). Cette brusque immersion faillit devenir funeste pour le malade; mais la fièvre et la rougeur érysipélateuse qui suivirent un tel événement commencèrent, en quelque sorte, la cure d'une affection paralytique pour laquelle il était venu solliciter le bienfait des eaux. »

Je ne décrirai ici que les bains les plus généralement employés :

1° Dans le bain très chaud le malade éprouve un saisissement causé par la chaleur; il hésite à s'y plonger tout entier, mais bientôt il s'habitue à cette sensation. Au bout de quelques minutes toutes les parties extérieures du corps augmentent de volume, les veines se distendent, le pouls devient dur et fréquent, la figure s'injecte et se couvre de sueur. Le bain à cette température demande une surveillance extrême ; il ne doit pas durer plus de quinze minutes : son action est d'une grande énergie. On peut y avoir recours dans le rhumatisme froid et dans les paralysies locales.

2° Le bain chaud : on éprouve en y entrant une sensation de chaleur agréable, qui semble pénétrer les parties intérieures et y produire une sorte de bien-être ; les fluides dilatés se répandent plus également dans toutes les parties, la peau se gonfle, le pouls, la respiration sont légèrement excités. L'absorption est considérable : Falconner porte à trois livres par heure la quantité de liquide qu'un homme adulte peut absorber dans un bain. Cette absorption joue un rôle très important dans les bains d'eau minérale : il n'est pas un baigneur, à Bourbon, qui ne soit étonné de se trouver et plus fort et moins impressionnable aux influences atmosphériques après plusieurs semaines de bains dans l'eau minéro-thermale. Pendant l'immersion quelques malades éprouvent un état nerveux général, comme une excitation électrique.

Ce bain convient au plus grand nombre de maladies : sa durée est d'une demi-heure à une heure ; mais il pourrait se prolonger beaucoup plus longtemps. J'ai vu des douleurs névralgiques fort graves ne céder qu'à l'action des bains prolongés pendant plusieurs heures.

3° Dans le bain tempéré, l'on n'éprouve ni le sentiment du froid ni celui de la chaleur. L'absorption est un peu moins active que dans le bain chaud ; le pouls et la respiration se ralentissent, il se produit une sédation nerveuse accompagnée d'une augmentation générale des forces musculaires. Ces bains conviennent surtout aux personnes nerveuses, à fibre sèche et irritable ; ils peuvent avec avantage être continués pendant un laps de temps assez long.

4° Bain frais, de 15 à 20° Réaumur. Son premier effet est de déterminer un léger frisson suivi de cette contraction spasmodique de la peau qui lui donne l'aspect de chair de poule : on éprouve un sentiment de malaise, un léger tremblement ; le pouls se contracte, mais bientôt, et plus promptement que dans les bains ordinaires, la réaction se déclare : elle est plus énergique. Ces bains doivent être peu prolongés ; on éprouve immédiatement après une sensation agréable de chaleur et une augmentation de forces.

DOUCHES.

La douche est un des moyens thérapeutiques les plus puissants ; son usage est fréquent à Bourbon-Lancy : elle augmente la vitalité de la partie sur laquelle elle frappe ; la peau rougit, devient sensible. Cette excitation puissante se communique profondément sur les organes internes. Dans une foule d'affections locales, c'est l'agent médical le plus précieux. On y a recours avec succès dans les ankyloses, les contractures, les rhumatismes anciens, le lumbago, les paralysies. C'est le moyen de résolution le plus puissant des hydarthroses, des engorgements indolents, des tumeurs blanches non compliquées d'inflammation.

La force, le volume, le degré de température de la douche doivent varier suivant l'état de l'organe malade et suivant la constitution du baigneur. La douche générale est un sudorifique très actif; elle peut devenir révulsive si on l'administre à une haute température et loin de la partie souffrante. Une médication si énergique peut produire des accidents graves, et doit être surveillée avec beaucoup de soin : dans une inflammation commençante de la moelle épinière, une douche sur la colonne vertébrale peut amener une myélite mortelle. La durée moyenne de la douche est d'un quart-d'heure; après une douche trop longue, le malade reste affaissé, et la transpiration s'exécute mal. Dans les affections rebelles, j'emploie des douches d'eau chaude alternant avec l'eau froide, afin de solliciter plus vivement la réaction vitale. C'est ce que l'on désigne sous le nom de douche écossaise.

Les bains d'étuve sont aussi fréquemment mis en usage pour rétablir les fonctions de la peau et rappeler des transpirations arrêtées.

On se sert avec avantage, contre les ulcères atoniques, des boues et de la matière végéto-animale qui se déposent sur les bords des bassins. Autrefois on les mêlait avec moitié eau-de-vie, et on les appliquait ainsi sur les tumeurs blanches et sur les engorgements indolents. Je n'ai pas expérimenté suffisamment ce mélange pour avoir une opinion arrêtée sur sa valeur thérapeutique.

Nous venons de passer en revue les diverses médications employées à Bourbon; on doit comprendre actuellement combien doivent être puissantes les modifications imprimées à l'économie par ce traitement. Aujourd'hui que la science a reconnu la valeur thérapeutique des eaux minérales, l'impossibilité absolue de leur parfaite imitation et la nécessité de les prendre sur les lieux, toute discussion sur ces faits deviendrait oiseuse et stérile. Je ne veux pas davantage contester l'influence heureuse que retirent les malades de la réunion de toutes les circonstances hygiéniques, qu'on trouve seulement aux établissements thermaux : très certainement l'action médicamenteuse des eaux est secondée par le voyage, l'éloignement des lieux témoins de nos douleurs, l'abandon momentané de nos affaires, de nos spéculations, l'espoir d'une guérison prochaine, un air pur, un régime sain, la régularité dans l'emploi méthodique du temps, dans les heures des repas, du lever, du coucher, et jusque dans les plaisirs et les divertissements.

Le malade qui doit suivre un traitement a souvent besoin d'être préparé; autrefois un purgatif et une saignée étaient jugés indispensables. Cette règle générale entraînait certainement de nombreux abus; mais, sans préparation, combien de malades commenceraient aujourd'hui le traitement avec un état pléthorique ou avec des signes d'embarras gastriques, qui ne feraient qu'augmenter par l'action des thermes! Le baigneur doit avoir dans l'esprit qu'il va se soumettre à une médication sérieuse qui, augmentant chaque jour, finira par une excitation générale, caractérisée par l'insomnie, la turgescence, la chaleur de la peau, et souvent par une légère éruption, *psydracia thermalis;* c'est à cet ordre de phénomènes que l'on donne le nom de *fièvre thermale.* Pour arriver à cette réaction, dans chaque établissement on prend un nombre plus ou moins considérable de bains, suivant l'énergie des principes minéraux. Ce laps de temps désigné sous le nom de *saison* n'est point arbitrairement fixé, c'est la consécration d'une longue expérience à laquelle le baigneur doit savoir se soumettre; mais comme il n'est point de règle absolument générale, suivant les constitutions et les maladies, ce nombre de jours peut présenter quelques différences.

A Bourbon, la saison est habituellement de vingt-un jours; la douceur du climat permet d'ouvrir l'établissement du 15 mai au 15 septembre.

On peut poser en principe que le succès est d'autant plus assuré, que la température est plus chaude et plus régulière; souvent les temps froids et humides de l'automne compromettent le succès d'un traitement trop tardif.

Par l'étude attentive de nos eaux dans les diverses maladies, on arrive bientôt à leur reconnaître trois modes principaux d'action. Dans quelques affections elles agissent d'une manière, pour ainsi dire, spécifique, comme dans le rhumatisme et les névroses, de la même manière que le quina dans les fièvres intermittentes. Dans une deuxième classe, on ne retrouve qu'une action sudorifique: c'est ainsi qu'elles opèrent dans certaines affections de la peau, dans la syphilis constitutionnelle et dans les syphilides. Enfin, il est une foule d'affections où elles n'ont plus qu'une action tonique et stimulante, comme, par exemple, dans les chloroses, les scrofules et les paralysies. Il est bien entendu que cette distinction n'est pas tellement absolue, que souvent l'on ne remarque la réunion de ces différents modes d'action dans la guérison d'un certain nombre de maladies.

Malgré cette distinction importante à signaler, l'excitation générale dont j'ai parlé se remarque presque universellement chez tous nos malades :

aussi les eaux minérales de Bourbon n'échappent point à cette règle, qui range toutes les eaux thermales dans la classe des excitants; leur usage est donc contre-indiqué 1° dans toutes les affections à l'état aigu, 2° dans quelques maladies chroniques, où la moindre excitation peut devenir fatale; 3° chez les individus disposés aux hémorrhagies actives, ou affectés d'une maladie organique du cœur ou des gros vaisseaux. Cette règle, moins rigoureuse pour les eaux de Bourbon que pour les eaux sulfureuses ou purgatives, doit cependant nous servir de guide. L'application de ce précepte offre souvent de grandes difficultés pour le médecin consciencieux, qui redoute presque autant de priver un malade d'une médication qui doit le guérir, que d'ordonner un traitement qui peut lui être funeste. Heureusement, dans ces circonstances, le médecin prudent, qui ne sera pas dominé par une confiance aveugle dans la vertu des eaux, arrivera toujours, après une expérimentation sage et éclairée, à sortir avantageusement pour ses malades de ces cas embarrassants.

En reconnaissant la vérité de cette règle généralement admise, qui défend l'emploi de l'eau minérale dans certaines affections chroniques, dans la phthisie, par exemple, je n'ai pas besoin d'ajouter que ce principe ne doit s'appliquer qu'au traitement thermal complet. Si quelques verrées d'eau de St-Léger, qui réveillent l'appétit et raniment les fonctions digestives, ne peuvent guérir une phthisie au troisième degré, elles n'auront certainement aucune influence fâcheuse : souvent ce sera un moyen de rendre un peu de force à cette vie qui s'éteint, à ce corps qui se décompose.

Maladies dans lesquelles ces Eaux sont administrées.

Chaque année le nombre des rhumatismes est considérable à Bourbon ; et si tous les malades qui en sont affectés ne partent pas guéris, on peut affirmer qu'ils partent tous au moins soulagés. Cette dernière terminaison a lieu surtout dans les rhumatismes anciens devenus pour ainsi dire constitutionnels, et dans lesquels la guérison complète est presque impossible à obtenir.

Il n'existe aucune affection qui revête des formes et des caractères aussi variés que le rhumatisme ; il apparaît indifféremment dans la continuité des membres, ou dans les articulations, dans le tronc ou dans les organes des cavités splanchniques ; il peut, comme nous le verrons, affecter presque tous les tissus.

Le rhumatisme articulaire, par sa fréquence, mérite d'occuper le premier rang. Rarement il nous arrive à son début ; presque toujours il date de plusieurs années, et ne réclame le secours des eaux qu'après un grand nombre de médications infructueuses. Pour mettre plus de méthode, je divise cette affection en deux classes.

Dans la première, la période d'acuité est passée; les articulations ne sont plus douloureuses qu'au mouvement et au toucher; elles sont tuméfiées; leur volume présente un contraste frappant, avec la diminution et l'émaciation du système musculaire; la faiblesse est le caractère dominant; le membre présente quelquefois les symptômes d'une légère paralysie du mouvement. Cette forme est fréquente à Bourbon, on la remarque surtout chez les habitants des campagnes. La haute température de nos eaux obtient constamment des succès aussi prompts que durables; quelquefois pourtant la cause rhumatique ne disparaît qu'après avoir revêtu pendant quelques jours un caractère d'acuité : le malade doit être prévenu de ce fait. Cependant j'ai vu quelquefois cette recrudescence déterminée par un état pléthorique accidentel, ou par une excitation thermale qui dépasse le but; une saignée ou le repos font alors promptement justice de cette complication. Les exemples de guérison sont si fréquents et si connus, que j'ai hésité si je citerais quelques-uns des faits nombreux dont j'ai été témoin; déjà très anciennement on accourait à Bourbon pour cette forme de rhumatisme. Je rapporterai, à cause de son ancienneté et de son laconisme, une observation du docteur Banc :

« En 1602 je vois arriver un homme de Bour-

« gogne, tout ruineux et perdu d'intempérature de
« tous les articles depuis longues années, sans pou-
« voir remuer de lui-même en façon quelconque ;
« je le vis marcher de son pied après quelque
« séjour qu'il avoit fait en ces bains, n'ayant seu-
« lement qu'un petit bâton à la main. »

Dans la seconde classe, le rhumatisme a presque conservé la vivacité des premières douleurs ; les fonctions s'exécutent mal, le sommeil est court et mauvais, le pouls un peu fréquent, la peau souvent chaude et sèche. Cet état nerveux paraît tenir tantôt à la nature du tissu plus spécialement affecté, tantôt à la disposition individuelle. J'insiste sur cette division, parce qu'elle fournit une indication capitale dans l'administration du traitement, qui doit être moins actif.

Voici deux observations qui répondent aux deux divisions principales que j'ai signalées dans le rhumatisme articulaire :

M. T....., des environs de Moulins-en-Gilbert, fut amené à Bourbon en 1847 pour un rhumatisme articulaire des plus graves. Cet homme, fort, d'une constitution vigoureuse, d'un tempérament sanguin, était tombé dans un état de maigreur et de pâleur extrêmes. Les articulations malades étaient fortement gonflées, les membres grêles, presque atrophiés ; la faiblesse et la douleur rendaient impossibles les mouvements des membres malades. Toutes les fonctions de l'économie avaient été plus ou moins atteintes par suite de la longueur et de l'activité du mal, qui durait depuis un an. Le traitement fut employé avec un succès si complet, que cet homme, qu'on portait et déposait dans son bain, est parti entièrement guéri. Je l'ai revu l'année suivante; la guérison ne s'est pas démentie un instant.

M. X...., des environs de Nevers, âgé de 30 ans, d'une constitution moyenne, d'un tempérament nerveux, était depuis un an atteint d'un rhumatisme excessivement douloureux qui avait parcouru toutes les articulations; le principe rhumatique avait également porté son action sur les yeux, qui avaient été successivement frappés d'une inflammation oculaire interne. A son arrivée à Bourbon, le malade, considérablement amaigri et affaibli par ses longues souffrances, ressent toujours de très vives douleurs, qui se déplacent avec une grande facilité; le sommeil est mauvais, la peau sèche, fébrile; toutes les fonctions sont profondément altérées; la vue n'a pas repris sa netteté, le malade voit voltiger de grosses mouches, et l'on aperçoit à l'œil nu quelques points opaques, mobiles dans l'humeur aqueuse, suite de l'inflammation rhumatismale des yeux: il est inutile d'ajouter que la marche est très difficile et douloureuse. Le traitement thermal, approprié à son état, a rapidement amélioré la situation de ce malade; les progrès ont marché avec régularité et promptitude; les symptômes locaux et généraux avaient disparu. A la fin de la saison, on ne retrouvait plus les points opaques signalés dans l'humeur aqueuse.

Souvent le principe rhumatique détermine dans les articulations des lésions locales plus graves encore que celles indiquées. Tantôt la synoviale enflammée se laisse distendre par de la sécrétion d'une sérosité plus ou moins abondante (hydarthrose); tantôt les cartilages et les ligaments articulaires s'engorgent et s'enflamment profondément (tumeur blanche).

L'action de nos eaux salines est aussi salutaire; leur indication est encore plus impérieuse, à cause de la gravité de l'affection; mais leur action est plus lente. Cependant je dois dire que j'ai été étonné de leur l'énergie sur des tumeurs blanches déjà très anciennes. Plus tard, lorsque ces observations en assez grand nombre seront complètes, je reviendrai sur ce sujet.

Le rhumatisme présente souvent une si frappante analogie avec la goutte, qu'il est bien difficile de distinguer ces deux affections. J'ai employé les eaux minérales avec un grand succès dans quelques cas où il était impossible de ne pas admettre une affection réellement goutteuse, seulement les accès n'avaient pas présenté un caractère d'acuité bien marqué. Chez quelques malades les petites articulations étaient seules envahies; elles étaient fortement engorgées et déformées; les douleurs, peu vives, étaient accidentelles ou par crises.

J'ai vu avec la plus vive satisfaction l'engorgement et la déformation disparaître, au bout de deux saisons, chez plusieurs de ces malades. Ces résultats, et l'analogie de nos eaux avec celles de Néris, me font penser qu'elles seraient très favorables dans la goutte lorsque les accès sont dissipés.

Le rhumatisme musculaire est un peu moins fréquent; il prend différents noms, selon les régions qu'il occupe : on le désigne sous le nom de torticolis, pleurodynie, lumbago, etc., suivant les régions qu'il affecte. Quand ces affections sont récentes, elles cèdent avec la même facilité que le rhumatisme articulaire.

Le lumbago est le rhumatisme musculaire le plus fréquent, habituellement le plus difficile à guérir; on le trouve surtout chez les hommes forts et vigoureux. Quelquefois on le confond avec l'irritation rhumatique de la partie inférieure de la moelle épinière; mais cette dernière affection est accompagnée de fourmillements et de quelques douleurs dans les membres inférieurs. Il se dissipe assez rarement la première année; je l'ai vu, au contraire, revêtir une forme plus aiguë, pour disparaître après une seconde saison : il semble que, pour guérir, il ait besoin de passer par la forme aiguë.

Quant à la pleurodynie ou rhumatisme des muscles intercostaux, j'ai remarqué que, lorsqu'elle a existé longtemps, le côté de la poitrine qui a été affecté se dilate moins largement : cette différence profonde dans l'ampliation de la poitrine doit avoir une influence fâcheuse sur l'hématose. Il faut donc par l'exercice et par l'action de la douche corriger la différence qui existe dans les mouvements d'inspiration, et rendre au côté affecté son ancienne énergie.

On sait qu'à la longue les fibres musculaires finissent par s'affecter profondément à la suite des rhumatismes anciens ; les faisceaux musculaires s'amaigrissent, s'atrophient et se racornissent : de là, les courbures du tronc et les rétractions des membres. Pour éviter des redites, nous en parlerons en traitant des rétractions musculaires, suite des plaies profondes et surtout des plaies d'armes à feu. Nous dirons seulement ici que le traitement thermal, tout en combattant la cause physique, détruit également le principe rhumatismal, cause première de la lésion.

De toutes les variétés de l'affection rhumatique, la plus grave sans contredit est celle qui se jette sur les organes internes ; elle peut atteindre tous les viscères sans distinction. En s'établissant sur ces organes, elle n'a pas changé de nature ; on la retrouve toujours dans les tissus fibreux, musculaires, séreux et même nerveux, comme nous le verrons en parlant des névralgies. Il fut une époque où toutes ces affections étaient regardées comme des inflammations chroniques.

Entrer dans la description de toutes les formes

que présentent le rhumatisme interne et les métastases rhumatismales, décrire tous les symptômes suivant les organes et l'activité du principe morbide, m'entraînerait bien au-delà des bornes que je me suis imposées. Je vais me contenter de rapporter sommairement les caractères qui serviront à les distinguer soit des affections chroniques, soit des degénérescences organiques. Pour moi, le rhumatisme viscéral est caractérisé par des douleurs internes très vives, n'augmentant que très rarement par la pression : elles sont toujours fortement modifiées par les influences atmosphériques ; dans leur invasion et leur disparition, point de marche graduée. Leur déplacement est fréquent, presque toujours instantané ; habituellement, je pourrais dire toujours, elles ont été précédées ou accompagnées de quelques douleurs vagues et erratiques dans les articulations ou dans la continuité des membres. Un symptôme des plus importants à noter pour leur diagnostic différentiel, est le manque de rapport entre les symptômes généraux et la violence de la douleur.

Les phénomènes locaux varient suivant le siége spécial du principe rhumatique. Si le rhumatisme attaque les intestins, les vomissements, la diminution ou la perte d'appétit, la difficulté des digestions, se joignent aux douleurs abdominales ; mais, dans cette circonstance, le manque de chaleur à la peau, le calme et la régularité du pouls, l'absence d'une soif vive, et par-dessus tout la coïncidence de quelques douleurs rhumatiques, suffiront pour ne pas confondre cette affection avec une inflammation gastro-intestinale. S'il restait encore quelques doutes, l'action du traitement les aura promptement dissipés. Un fait très important à rappeler, c'est que la température des bains, lors même qu'elle ne change pas les propriétés inhérentes à l'eau thermale, en modifie considérablement l'action immédiate. Aussi, dans les rhumatismes des organes internes où la douleur est le caractère dominant, la douche ne doit plus qu'être révulsive, et le bain, souvent rendu émollient par l'addition du son ou de la gélatine, doit être prolongé, plutôt frais que chaud. Le contraire doit être pratiqué lorsque le rhumatisme viscéral est à peine douloureux, et que le principe rhumatique ne se traduit que par un trouble plus ou moins grave dans les fonctions des organes atteints.

C'est surtout dans les affections rhumatiques ou névralgiques des voies digestives, désignées sous le nom de rhumatisme abdominal, de gastralgies, d'entéralgies, que les eaux salines de Bourbon se montrent dans toute leur énergie.

Les malades de cette classe sont fort restreints à Bourbon, et cependant tous ceux qui s'y rendent obtiennent un résultat si avantageux qu'on a peine à s'expliquer comment le nombre n'est pas plus considérable. Dans toutes les gastralgies que j'ai eu l'occasion de soigner, l'amélioration a été si prompte que je demeure convaincu qu'il n'est aucune névralgie où l'on puisse espérer avec confiance un succès plus assuré : on se rend facilement compte de la certitude de la médication, par l'action directe du médicament sur la partie malade. L'usage de l'eau à l'intérieur est ici l'agent capital et essentiel, sans lequel le traitement externe est habituellement de peu de valeur. Malheureusement, chez certains malades nous trouvons trop de résistance quand nous conseillons l'eau en boisson ; ils arrivent avec des idées si exagérées sur la propriété excitante de nos eaux, qu'on a bien des craintes à calmer. Cependant, je dois le dire, jamais je n'ai vu l'ingestion d'eau minérale déterminer un sentiment d'ardeur ou de douleur dans l'estomac, jamais je ne l'ai vue déterminer des crampes ou des signes d'irritation. Après l'ingestion d'une verrée d'eau minérale, la boulimie est calmée, l'inappétence et l'anorexie se dissipent ; les digestions pénibles et douloureuses redeviennent normales et régulières.

L'eau en boisson excite les forces de la muqueuse digestive en même temps qu'elle calme sa sensibilité, deux actions contradictoires qui de prime-abord paraissent naturellement s'exclure. Cette double action, difficile à comprendre, rentre dans la médication dite *altérante*.

La douche doit être en général révulsive et

porter sur les extrémités inférieures, très rarement sur le rachis, et seulement lorsque les douleurs sont calmées ; jamais elles ne frapperont sur l'épigastre. Les douches seront courtes, et leur chaleur modérée ; les eaux de Bourbon sont si sudorifiques, que sans cette précaution on déterminerait des sudations qui affaibliraient les malades sans aucun avantage dans la vraie névralgie. Mais, si l'affection est le produit d'une métastase rhumatismale, les transpirations deviennent ici nécessaires ; elles doivent être en rapport avec la force du sujet et l'intensité du mal : il y a un principe morbide qu'il faut éliminer, et les transpirations peuvent seules remplir cette indication.

Ces règles ne sont que la déduction des faits que j'ai observés ; je voulais citer quelques exemples, mais je me suis déjà trop étendu sur cette affection.

Quand l'eau minérale pure n'est pas supportée, on la coupe avec une infusion de feuilles d'oranger, ou avec un peu de lait. Mais, ainsi que je l'ai déjà indiqué, les malades s'y habituent parfaitement, et tel individu qui vomissait l'infusion la plus légère, digère parfaitement notre eau saline.

Lorsque le principe rhumatique porte son action sur les organes de la respiration et de la circulation, il donne lieu aux symptômes les plus variés, pouvant simuler toutes les affections organiques de ces viscères. Mais si les symptômes sont presque identiques, les signes fournis par la percussion et l'auscultation sont différents, et suffisent presque toujours pour lever tous les doutes.

Si l'on veut entrer dans la description détaillée de leurs symptômes, on verra que peu de maladies présentent des formes plus diverses que la névrose de ces organes; dans quelques cas elle ne se manifeste que par une toux qu'on désigne sous le nom de *nerveuse*. Un état névralgique antérieur, la douleur répandue dans le trajet des nerfs intercostaux, et l'absence de râle dans la poitrine, caractérisent cette névrose. J'ai vu des exemples de cette toux, ancienne et donnant les plus grandes inquiétudes, après avoir résisté jusqu'alors à tous les médicaments employés, céder assez promptement au traitement thermal.

Chez un autre malade, aussitôt que le sommeil allait se déclarer, il était pris d'un accès de suffocation impossible à décrire; les muscles de la poitrine se contractaient convulsivement, et il restait pendant quelques instants dans un état d'angoisse horrible. Après cette crise, quelquefois moins forte, mais plus prolongée, le malade, brisé, était pris d'une fièvre nerveuse qui l'empêchait de goûter un seul moment de repos. Il est inutile d'ajouter que des symptômes si graves avaient eu un funeste retentissement sur toutes les fonctions de la vie. Les bains, à peine tièdes et prolongés, calmèrent d'abord, puis firent cesser ces accès.

Des palpitations simulant les affections du cœur les plus avancées, souvent accompagnées de spasme et de suffocation, constituent la variété que j'ai le plus fréquemment observée à Bourbon.

C'est surtout dans les névroses des organes de la respiration et de la circulation qu'on a besoin de calmer l'irritation nerveuse par des bains, avant d'avoir recours à la douche.

Il ne faut pas cependant oublier que si le principe rhumatique peut exister, par exemple, sans lésion des organes de la circulation, souvent il finit par déterminer des lésions matérielles. L'action des eaux n'est point ici contre-indiquée; sa puissance seule se trouve diminuée par cette complication. Dans le traitement thermal, les métastases rhumatismales, ou les déplacements de ce principe rhumatique, se portant de l'extérieur sur des organes internes, ne sont pas à redouter. Que l'hydrothérapie puisse déterminer ces funestes métastases, lorsque la réaction est nulle ou incomplète, on le comprend; mais, pour le traitement thermal, cette crainte est chimérique. L'expérience des siècles a confirmé cette vérité, et la théorie l'explique : les bains et les douches produisent sur toute la surface tégumentaire une fluxion et une révulsion continuelles et puissantes. Le mouvement est donc tout du centre à la circonférence, des organes internes à la peau. En posant ce fait physiologique, je n'ai point voulu dire que le baigneur n'eût rien à redouter des influences atmosphériques ; rien ne serait plus contraire à ma pensée. Il est certain pour moi que la négligence des principes hygiéniques aura toujours une trop large part dans nos insuccès.

L'administration des eaux minéro-thermales est habituellement couronnée de succès dans les névroses et dans les affections rhumatiques des organes, dont je viens de parler. Avant d'être attaché à l'établissement de Bourbon-Lancy, j'y avais envoyé une jeune personne atteinte d'une névrose des organes thoraciques. Le succès avait été complet.

Cette jeune fille, de Lyon, âgée de 11 ans, était malade depuis plusieurs années. D'une constitution bonne, d'un tempérament lymphatique, elle avait le teint plutôt coloré que pâle. L'appétit était irrégulier, la région épigastrique souvent douloureuse ; mais tout ce malaise pouvait être entretenu par les désordres qu'on remarquait dans les fonctions de la respiration et de la circulation. A des époques irrégulières, mais fréquentes, elle était prise de tous les symptômes de l'asthme aigu. Pendant les accès, le pouls était d'une vitesse extrême ; la respiration, fréquente et très pénible, faisait craindre à chaque instant la suffocation. A l'auscultation, un râle sibilant, sonore, les battements tumultueux du cœur, s'entendaient dans toute la poitrine.

Aucun bruit anormal n'était fourni par les carotides. Les accès laissaient toujours un catarrhe accompagné de crachats muqueux de plus en plus abondants.

Tous les traitements avaient été successivement employés : traitement calmant, antiphlogistique, révulsif; le fer, le quina, la belladone. La moutarde seule, largement appliquée pendant l'accès, produisait un soulagement. Le mal faisait de rapides progrès, et toutes les fonctions en subissaient une cruelle atteinte. Je conseillai les eaux de Bourbon; elles furent administrées en boisson, en bains et en douches, d'abord aux extrémités inférieures, ensuite légèrement le long de la colonne vertébrale. Les accès n'ont plus reparu, la santé est parfaite.

Deux ans plus tard, les règles se sont déclarées sans aucun accident, et l'on peut dire que cette jeune personne, jusqu'alors toujours maladive, jouit de la plus brillante santé. Contrairement à l'usage que j'ai adopté dans cette Notice, j'ai cité ce fait avec tous ses détails, parce que, médecin de cette jeune fille, j'avais vu tous les médicaments échouer, et que j'étais loin alors de m'attendre à un si remarquable succès. Je pourrais ajouter d'autres observations, différentes quant aux symptômes, mais absolument identiques quant aux résultats, si je ne craignais de prolonger outre mesure cette Notice.

Les névralgies peuvent être déterminées par le

principe rhumatique fixe sur le tissu nerveux ; elles peuvent dépendre aussi d'une excitation externe plus ou moins violente. Je citerai deux observations où l'on retrouvera ces deux causes comme points de départ. Les névralgies rhumatismales les plus rebelles aux diverses médications cèdent habituellement à l'action de nos eaux minérales.

Les névralgies étaient primitivement fort restreintes : autrefois on ne connaissait que la sciatique et la névralgie de la face, désignée sous le nom de tic douloureux ; mais aujourd'hui leur cercle s'est considérablement agrandi, et l'on reconnaît une grande quantité de névralgies soit du tronc, soit des membres. Nous ne pouvons entrer dans la description de toutes ces variétés ; il nous suffira de rappeler qu'ici, plus encore que dans le rhumatisme ordinaire, le traitement thermal doit être modifié suivant l'indication. La névralgie aiguë demande un traitement tout différent de celui qu'on doit ordonner dans les névralgies anciennes où l'engourdissement, les fourmillements et la faiblesse ont remplacé la violence des douleurs. Des bains à peine tièdes, très longtemps prolongés, et rendus émollients par l'addition du son et de la gélatine, commenceront par calmer les douleurs ; la douche employée à cette période ne sera jamais que révulsive. Lorsque des accès névralgiques intermittents viennent compliquer cette affection, il convient de suspendre le traitement thermal pour les combattre. J'ai remarqué que les bains et les douches paraissent augmenter les phénomènes de la périodicité.

Névralgie rhumatique. — M. X..., de Charolles, âgé de 60 ans, d'une constitution forte, d'un tempérament nervoso-sanguin, depuis longtemps avait éprouvé des accès de rhumatisme, lorsque, au commencement de 1847, des douleurs d'une violence extrême se déclarèrent dans tout le trajet du nerf sciatique gauche. Malgré le traitement le plus rationnel et le plus énergique, les douleurs ne firent qu'augmenter. Arrive à Bourbon le 20 juillet 1847, M. X.... présente le *facies* d'un homme dont la constitution est profondément altérée; les digestions sont mauvaises, l'appétit presque nul, la peau chaude et sèche, le pouls fréquent. Les douleurs sont horribles, et reviennent par élancements. Le membre malade est d'une maigreur frappante, les veines fortement distendues; depuis longtemps le sommeil a presque disparu. Pour goûter quelques instants de calme arraché à ces souffrances, il est obligé de laisser sa jambe nue pendre hors de son lit. C'est dans ces conditions que le traitement fut commencé; le succès fut des plus prompts et des plus heureux: des bains tempérés de piscine, de plusieurs heures de durée, calmèrent rapidement la douleur et rappelèrent le sommeil; on pouvait chaque jour suivre les progrès de cette amélioration. Il partit débarrassé de cette cruelle maladie.

Névralgie déterminée par la chute du tonnerre.
— M. V...., de Pommiers près Villefranche, âgé de 47 ans, d'une constitution très forte, d'un tempérament éminemment sanguin, était occupé à prendre son repas, lorsque tout-à-coup un tonnerre affreux se fait entendre; au même instant un cordon de feu parcourt sa cuisse droite, et une vapeur sulfureuse remplit l'appartement. Au milieu de cette scène d'émotions et de douleurs, il fut pris d'un évanouissement dont on eut beaucoup de peine à le tirer. Il ressentit dès ce jour comme une étincelle électrique qui allait du sacrum à la plante du pied. Un traitement judicieux parvint à modérer cette excitation; mais l'année suivante, malgré tous les moyens les plus sagement administrés, la névralgie prit une acuité si grande qu'on fut obligé de le conduire à Bourbon, étendu sur un matelas. Après quelques jours de repos, quelques boissons émollientes et une saignée, le traitement fut commencé d'abord par quelques bains frais suivis de douches lorsque les douleurs eurent diminué. La sciatique disparut promptement; il se trouvait si complètement guéri, que j'ai eu de la peine à le faire renoncer au projet qu'il avait formé de retourner chez lui à pied.

J'ai réuni les névroses, les névralgies et les rhumatismes internes dans le même ordre de faits, d'abord à cause de la difficulté de bien préciser la différence qui peut exister dans leurs symptômes, ensuite parce que dans mon opinion il y a identité dans la nature de ces affections, et différence seulement dans les parties malades. La même cause produira des symptômes différents, suivant les fonctions auxquelles présidera le nerf affecté: ainsi, avec le nerf pneumo-gastrique, on aura les désordres de la respiration et de l'hématose; avec le nerf facial, on aura une névralgie dont le nom variera suivant la portion du filet malade. A l'appui de cette manière de voir je citerai le fait suivant, où tour à tour on pourra retrouver les symptômes des névroses alternant avec ceux des névralgies.

M. D....., d'Autun, âgé de 48 ans, est arrivé en 1848 aux eaux de Bourbon : cet homme, épuisé par les plus longues et plus cruelles souffrances que l'homme puisse supporter, est d'une maigreur et d'une faiblesse extrêmes; il est atteint d'un rhumatisme nerveux ou d'une névralgie générale de la moelle épinière, donnant lieu à des ordres de symptômes différents. Quelquefois la crise débute par une suffocation horriblement pénible, l'air lui manque, il éprouve toutes les angoisses de l'asphyxie; il se précipite hors de son appartement, la bouche ouverte et les traits décomposés. Un autre jour, ces phénomènes sont remplacés par des crampes affreuses dans la région épigastrique, et un resserrement des parois abdominales; l'appétit se perd; les vomissements, le dévoiement se succèdent presque sans interruption. Dans d'autres circonstances ce n'est plus qu'une névralgie; les douleurs les plus atroces se substituent aux phénomènes que je viens de décrire : elles se manifestent partout, et envahissent successivement tous les membres ; mais, dans chaque crise, elles se localisent dans quelques parties du corps. J'ajouterai, pour compléter cette observation que je n'ai pas citée sous le rapport thérapeutique, que les eaux ne produisirent qu'une amélioration légère sur l'état de M. D...., qui dure depuis plusieurs années.

De tout temps les eaux de Bourbon ont été fréquentées par les scrofuleux. Cette maladie se présente à nous, chaque année, sous toutes ses formes et à tous ses degrés. Je ne veux point ici présenter le tableau, même abrégé, des divers groupes de symptômes que l'on retrouve dans cette affection, depuis le simple engorgement des ganglions jusqu'à l'ulcération profonde du tissu osseux; toutes ces lésions sont connues même des personnes les plus étrangères à l'art de guérir. Pendant l'administration du traitement, les forces digestives d'abord, puis toutes les fonctions reprennent leur activité. Les principes minéralisateurs s'introduisent par la voie d'absorption; la peau, excitée par les bains et les douches, fonctionne avec une nouvelle vigueur; peu à peu le teint s'anime et se colore, le pouls prend de l'ampleur et de la force, et l'on peut suivre chaque jour leur action tonique et bienfaisante sur tous les organes.

Les engorgements scrofuleux des ganglions cervicaux et du mésentère, les ulcérations du tissu cellulaire et de la surface cutanée marchent avec rapidité vers la guérison. Mais lorsque l'infection scrofuleuse est plus profonde, lorsque les ligaments, les cartilages, les os ont été profondément affectés, le résultat est plus long à obtenir; ce n'est qu'au bout de deux, quelquefois trois saisons, qu'on remarque des succès qu'on n'osait espérer.

Quoique les eaux de Bourbon ne renferment qu'une quantité fort minime de substance ferrugineuse, elles ont cependant une action constante et sur la chlorose et sur tout le cortége de symptômes déterminés par cette modification du sang.

Chaque saison nous amène des jeunes filles au teint pâle, à la face bouffie, aux paupières livides, à la peau terreuse et inanimée; les désordres des organes internes sont encore plus marqués : peu ou point d'appétit, ou désir de substances impropres à la nutrition; nausées, vomissements, constipation, douleurs épigastriques; pouls petit, fréquent, palpitations simulant une affection du cœur; les bruits de souffle ou de diable qu'on entend dans les carotides viennent compléter ce tableau. Après quelques jours de traitement, le teint s'anime et se colore; les lèvres reviennent à leur couleur vermeille; l'œil reprend sa limpidité et son animation, pendant que les fonctions de l'assimilation s'accomplissent avec une activité et une régularité nouvelles. Les menstrues apparaissent, ou si elles n'ont point été interrompues, le sang, de pâle et liquide, est devenu fibrineux et vermeil. A cet âge de la vie, les changements s'accomplissent avec tant de promptitude, que souvent, à la fin d'une saison, on a peine à reconnaître dans cette jeune personne brillante de santé et de bonheur cette même jeune fille qu'on avait vue arriver si triste et si maladive.

Très certainement le changement de climat, le grand air, la vie active, les longues promenades, les distractions ont une part à réclamer dans ce succès; mais la tonicité des eaux, l'absorption de ces principes minéraux qui manquaient à la constitution du sang, l'excitation des douches qui, frappant sur les organes génitaux, ont réveillé leur vitalité endormie ou pervertie, peuvent réclamer la plus large part dans toutes ces guérisons.

Ce serait ici le lieu d'examiner l'influence des eaux contre la stérilité. Leur réputation, sur ce point, est des plus anciennes : c'est elle qui a valu la présence de Catherine de Médicis à Bourbon-Lancy. Le succès qu'elle en obtint après une longue stérilité, augmenta prodigieusement cette réputation. Dans l'ouvrage du docteur Banc, on trouve consignés plusieurs faits qui confirment cette propriété. Je n'ai point encore, dans ma pratique, trouvé l'occasion de vérifier cette observation thérapeutique; mais, dans plusieurs circonstances, j'ai vu des engorgements du col de la matrice et des catarrhes utérins (1) se dissiper avec une rapidité qui m'a étonné, et qui me donne toute raison de croire que la stérilité, pour cause d'engorgement du col ou de sécrétion catarrhale, peut facilement céder à cette médication. Il est une autre cause de stérilité dépendant d'un changement dans la direction du col utérin; on conçoit, en effet, un certain nombre de positions du col, où la fécondation est presque impossible. Dans ces circonstances, l'action stimulante des douches sur les ligaments de la matrice, en rendant à ces ligaments leur force et leur élasticité, est un moyen des plus sûrs pour corriger les déviations de l'organe utérin, et par conséquent pour combattre cette cause de stérilité. J'ajouterai, à l'appui de cette opinion, qu'il n'est pas rare de voir, pendant l'administration des douches sur les lombes, la procidence de la matrice, qui faisait saillie au dehors, cesser complètement. On a aussi constaté que presque toujours elles rapprochent l'époque menstruelle, en augmentent l'évacuation, et rappellent cette fonction lorsqu'elle est suspendue.

(1) Il résulte des recherches de M. Donné que certains écoulements opposeraient un obstacle à la fécondation, en détruisant, par leur contact avec le sperme, les animalcules spermatiques.

L'activité des propriétés sudorifiques de nos eaux les ont fait conseiller dans les maladies où il fallait éliminer au dehors un principe morbide. Je ne crois pas qu'il existe d'eau minérale plus favorable pour rappeler une transpiration arrêtée, mais elles ont moins d'énergie pour rappeler une éruption disparue. Dans les accidents secondaires et surtout tertiaires de la syphilis, les faits dont j'ai été témoin confirment pour moi la réputation dont elles jouissent à cet égard. Dans les affections syphilitiques rebelles où les préparations mercurielles ont été longuement administrées, l'action des eaux minérales se présente en première ligne pour combattre ces accidents complexes. J'ai été frappé de la rapidité avec laquelle disparurent tous les symptômes de la syphilis constitutionnelle: douleurs ostéocopes anciennes, périostose du tibia, ulcération du voile du palais; après vingt jours de traitement, il ne restait plus que quelques traces de périostose. Les préparations mercurielles, administrées depuis fort longtemps, n'avaient obtenu aucun effet, et la maladie s'était aggravée pendant les derniers temps de leur administration.

La révulsion déterminée sur toute la surface cutanée est un excellent moyen dans les diarrhées anciennes et dans les catarrhes pulmonaires chroniques. J'ai eu l'occasion d'observer plusieurs fois la disparition de ces catarrhes chez des personnes âgées, venues aux eaux pour une autre maladie.

Pour terminer la revue que j'ai entreprise, il ne me reste plus qu'à examiner les propriétés de nos eaux minérales dans les rétractions musculaires ou articulaires, dans la faiblesse et le relâchement des articulations, et enfin dans les paralysies.

Lorsque les rétractions sont trop considérables, la section sous-cutanée des muscles et des tendons, ou la déchirure des adhérences par des efforts violents, doivent précéder l'administration des eaux thermales. Mais lorsque la déformation est moins prononcée, en aidant par des moyens mécaniques l'action des eaux, on arrivera à des résultats que de prime-abord on était loin de soupçonner. L'eau administrée en bain de vapeur est le mode d'administration qui m'a le mieux réussi.

Dans les entorses accompagnées de faiblesse et de relâchement, les malades trouveront, dans l'emploi de la douche, le moyen le plus sûr de rendre à l'articulation les forces et l'élasticité qui lui manquent.

Tous les ouvrages d'hydrologie minérale ont placé les eaux de Bourbon en première ligne contre les paralysies; aussi, chaque année le nombre des paralytiques est considérable. On devrait entendre par paralysie la cessation complète du mouvement et du sentiment, ou d'une de ces facultés seulement; mais, dans la pratique, on a singulièrement élargi cette distinction : le plus souvent on comprend sous ce nom une simple diminution de la sensibilité ou de la motilité. La paralysie peut être plus ou moins étendue; elle peut aussi tenir à des causes différentes. Cette dernière distinction est la plus importante.

Lorsqu'elle est déterminée par une métastase rhumatismale ou herpétique, l'espérance de réussite est infiniment plus grande : c'est dans ces circonstances que le médecin peut et doit employer sans crainte toute l'activité, toute la puissance des eaux minérales. Mais, si l'on soupçonne une inflammation ancienne et encore sub-aiguë du cerveau, un ramollissement de la substance encéphalique, le traitement thermal peut être dangereux. Il faut également s'en abstenir si le malade a éprouvé plusieurs attaques d'apoplexie consécutives et rapprochées, s'il existe un état de congestion cérébrale permanente, si le malade est atteint d'une affection organique du cœur ou des gros vaisseaux.

Le premier soin du médecin-inspecteur sera donc toujours de remonter à la cause première de la paralysie, afin de rendre toute méprise impossible. Lorsque la paralysie est la suite d'une attaque d'apoplexie, s'il n'existe plus de congestion cérébrale, si l'épanchement surtout a été déterminé par une cause accidentelle, par la suppression d'une hémorrhagie, par l'oubli d'une saignée accoutumée, on peut avec la plus légitime espérance avoir recours au traitement thermal. Il est une foule de circonstances qui modifieront plus ou moins les résultats : ainsi, toutes choses égales d'ailleurs, on aura beaucoup plus à espérer chez un homme jeune, lorsque les membres conservent l'intégrité des fonctions organiques : l'œdème et la contracture sont d'un fâcheux pronostic lorsqu'ils existent dans un membre paralysé.

Il est inutile d'ajouter que la paralysie est d'autant plus difficile à guérir qu'elle est plus complète, et qu'on s'éloigne davantage de l'époque de sa production.

Il ne faut pas oublier que non-seulement on a une maladie à combattre, mais encore une récidive à éviter. C'est dans ces circonstances que l'emploi de la saignée et des purgatifs ne doit point être négligé : ces moyens diminuent habituellement un peu les forces, mais le succès du traitement est plus certain, l'absorption du caillot se fait mieux; le malade se trouve placé à l'abri des rechutes.

Si pendant le traitement il vient à s'établir autour du caillot un travail inflammatoire marqué par un mouvement fébrile et un changement complet dans le moral de l'individu, le traitement thermal doit être suspendu.

Parmi les paralysies locales la plus fréquente est la paraplégie, ou paralysie des extrémités inférieures; le plus habituellement elle affecte les deux côtés du corps en même temps.

Elle est déterminée le plus souvent par une inflammation chronique de la moelle épinière ou de ses enveloppes : tantôt elle débute par un état aigu, et de prime-abord la paraplégie se trouve complète; tantôt sa marche est lente, le malade éprouve des fourmillements, de l'insensibilité, de la faiblesse dans les extrémités inférieures. Ces symptômes augmentent progressivement, jusqu'à la cessation entière du mouvement et du sentiment.

Le traitement thermal est plus certain dans la paraplégie que dans la paralysie générale. Tant que le médecin soupçonne un léger travail inflammatoire, le traitement doit être révulsif; mais sitôt que le mouvement fluxionnaire n'existe plus, il faut, par des douches sur la colonne vertébrale, réveiller cet engourdissement du système nerveux.

Les guérisons s'opèrent quelquefois sans crises apparentes et d'une manière lente et progressive, d'autres fois la guérison est précédée par une crise le plus habituellement manifestée par des transpirations abondantes, dans quelques circonstances par une éruption à la peau ou par une sécrétion urinaire copieuse.

Nos eaux ne réussissent pas toujours immédiatement; l'amélioration ne se déclare souvent qu'après le départ des malades : de là l'obligation de rester quelques mois sans entreprendre aucun traitement nouveau. Il est des cas où le premier traitement est suivi d'une augmentation dans les symptômes, surtout dans la douleur : on remarque ce fait dans quelques affections anciennes, et la première année d'un traitement thermal. Cette remarque n'est point nouvelle, Bordeu depuis longtemps l'avait reconnue et signalée. Ces faits avaient pour lui un caractère d'évidence si marqué, qu'il a posé cette règle générale : que les eaux minérales ne guérissent les maladies chroniques qu'en les faisant passer à l'état aigu. Les malades qui ont vu leur état s'empirer ne doivent donc point perdre courage; une seconde saison aux eaux enlèvera et cette aggravation momentanée, et la maladie principale.

Malheureusement, toutes les maladies sont sujettes aux récidives, quels que soient les moyens employés : il ne faut donc pas s'étonner si l'on voit reparaître d'intervalle à intervalle des affections guéries par le traitement thermal. Si l'on réfléchit au peu de temps consacré à la guérison de maladies habituellement anciennes, on est surpris de voir les rechutes si rares. Dans les cas de récidive, le malade doit faire, pour les eaux minérales, ce que l'on fait pour les traitements qui avaient réussi; c'est alors surtout qu'il faut recommencer le traitement thermal avec plus de soin et de persévérance.

www.ingramcontent.com/pod-product-compliance
Lightning Source LLC
LaVergne TN
LVHW051511090426
835512LV00010B/2482